JOACHIM GIESEL

Schönes Beautiful

HANNOVER

La Belle

© 1977 und 1981 by Fackelträger-Verlag
Schmidt-Küster GmbH, Hannover
Alle Rechte vorbehalten
Gesamtherstellung: Hildesheimer Druck- und
Verlags-GmbH, Hildesheim
Karten: Werner Kaemling
Printed in W.-Germany

ISBN 3 7716 1390 6

Vorwort:
Stadtrat Prof. Dr. Karl-Ernst Bungenstab,
Kultur- und Sportdezernent
der Landeshauptstadt Hannover

Karl-E. Bungenstab: Hannover Cocktail

Eine Sache in höchsten Tönen zu loben und zu preisen, und sei es die Stadt Hannover, liegt mir nicht. Insofern bin ich ein typischer (Wahl-)Hannoveraner. Die Tatsache, daß ich mich zweimal hier häuslich niedergelassen habe, jeweils von Berlin kommend, mag für sich sprechen. Das erste Mal 1966 für vier Jahre, eher fatalistisch dem Zwang folgend, nach beendeter Ausbildung und vergeblichen Versuchen in Berlin hier einen Start ins Berufleben finden zu müssen. Nicht Liebe auf den ersten Blick trieb mich in diese Stadt. Allerdings kannte ich auch recht wenig von Hannover: Die Autobahnabfahrten vom Trampen, den Bahnhof als Haltepunkt auf der Berlin-Strecke, den Namen von Prof. Hillebrecht als genialen Stadterneuerer durch meinen Bruder (einen Architekten) und die Rolle der Welfen in den dynastischen Auseinandersetzungen der letzten 200 Jahre aus dem Geschichtsstudium.
Die Arbeit in einem Kulturinstitut in der Stadt änderte dies sehr schnell. Ich lernte Hannover und seine Bürger kennen und schätzen. Herz und Verstand hatten sich

I do not believe in praising something to the skies, even not the city of Hannover. In this respect I am a typical Hannoverian (by choice). However one fact speaks for itself — I have twice set up home here, both times moving from Berlin. The first occasion was in 1966 for a period of four years, when, after finishing my education, I was forced to bow to the powers of fate and seek my first employment here after fruitless attempts in Berlin. It had not been a case of love at first sight. However, I must admit that I knew very little about Hannover: the motorway exits from hitch-hiking, the station as a stop-over on the line to Berlin, the reputation of Prof. Hillebrecht as an inspired town-planer (through my architect brother) and the role of the 'Welfen' royalists in the dynastic quarrels of the last two centuries from my history studies.
My work in one of the cultural centres in Hannover changed all this very quickly. I got to know people and places and began to hold them precious. Rationally and emotionally I had adapted myself positively to my new home, but then in 1971 my career took me

Il m'est désagréable de faire l'éloge de quoi que ce soit même s'il s'agit de la ville de Hanovre. Je suis le type même du Hanovrien d'élection. Le fait que venant de Berlin je me sois installé par deux fois à Hanovre est éloquent. La première fois c'était en 1966, un peu forcé, puisqu'il fallait bien débuter une fois les études terminées et que Berlin n'offrait pas de débouchés. La ville ne m'attirait pas particulièrement. Il faut dire que je ne savais que très peu sur Hanovre: les sorties d'auto-routes, je les connaissais par l'auto-stop, la gare: un arrêt sur la ligne de Berlin, le nom de Professeur Hillebrecht génie de l'urbanisme par mon frère architecte, le rôle des Welfes dans les querelles de dynastie des deux siècles derniers par mes études d'histoire.
Cela a très vite changé lorsque j'ai pris mes activités dans l'un des centres culturels de la ville. J'ai appris à connaître et à apprécier Hanovre et ses habitants.
Lorsqu'en 1971 je me suis vu obligé de quitter Hanovre pour des raisons professionnelles elle m'avait déjà conquis.
Je n'ai pas été difficile à convaincre

positiv auf Hannover eingerichtet, als 1971 aus beruflichen Gründen die Trennung anstand.
So bedurfte es keiner großen Überredungskünste, als sich 1975 die Chance zur Rückkehr bot, die Aufforderung, am kulturellen und sozialen Leben dieser Stadt gestaltend teilzunehmen. Bereits wenige Wochen nach meiner Rückkehr fühlte ich mich hier wieder zu Hause, blieben von den vier »Exiljahren« Erinnerungen wie an einen Ferienausflug. Hannovers Cocktail aus Tradition und fortschrittlicher Weltoffenheit, aus urbaner Eleganz und Provinzialität, aus alltäglicher Nüchternheit und Schützenfesteuphorie, aus kühler Zurückhaltung gegen Fremde und warmer Herzlichkeit zu Freunden gefällt mir. Die Transparenz städtischer Lebenszusammenhänge und die Überschaubarkeit des kulturellen Geschehens bergen die Möglichkeit von positiver Veränderbarkeit in sich.
Die Bilder dieses Bändchens sprechen Bände für den, der die Stadt kennt und verheißen Interessantes dem, der Hannover kennenlernen möchte.

to new pastures.
Offered the chance to return in 1975, I did not need a great deal of persuasion to accept the challenge of helping to mould the cultural and social life of this city. A few weeks sufficed for me to feel at home again after my four years of 'exile', which in retrospect seemed more like a prolonged vacation. The special cocktail that Hannover has to offer is to my liking - mix tradition with progressive cosmopolitanism, urban elegance with provincialism, sobriety in everyday life with the heady joy of the annual festivals and finally a cool reserve towards strangers with a hearty warmth among friends. The transparency of urban life and the prospect of the cultural scene harbour untold possibilites of positive modification. The pictures in this tome speak volumes for those who know the city and offer interesting possibilities for those who would like to become acquainted with Hannover.

lorsqu'en 1975 la chance d'un retour à Hanovre s'est présentée : la proposition de participer de façon créative à la vie culturelle et sociale de la ville. Déjà quelques semaines après mon retour je me sentais de nouveau chez moi. Les quatre années d'exil restaient souvenirs de vacances. Ce qui est typique pour Hanovre, mélange de tradition, d'ouverture sur le monde, d'élégance urbaine et de provincialité, de calme et d'euphorie de jours de fête, de réserve vis-à-vis des gens d'ailleurs et de cordialité pour les amis me plaît beaucoup. C'est à tort que certains voient dans la transparence de la vie urbaine et des évènements culturels un signe d'étroitesse d'esprit toute provinciale. Au contraire cette transparence permet des changements positifs.
Les images de ce livre en disent long pour celui qui connaît la ville et éveille l'intérêt de la connaître chez celui qui ne connaît pas Hanovre.

Junges altes Hannover:
Hochstraße am Raschplatz.
Wochenmarkt am Moltke-Platz.
Wie vor 100 Jahren.

Hannover — the old and the new:
The Raschplatz flyover.
Market day in Moltke Square.
Just like a century ago.

Jeune et vieux Hanovre :
Voie aérienne Raschplatz.
Jour de marché Moltke-Platz.
Comme au siècle dernier.

Die Marktkirche:
Ihr wuchtiger Turm ist das
Wahrzeichen Hannovers.
Im Vordergrund das Alte Rathaus.

The Market Church.
Its mighty steeple is Hannover's
landmark.
In the foreground the Old Town-hall.

La Marktkirche:
sa tour imposante est l'emblème
de Hanovre.
Au premier plan l'ancien Hôtel de
Ville.

Teestübchen am Ballhofplatz.
Der schönste Platz der Stadt.

Tea-rooms in the Ballhof Square.
The finest square in the city.

Un café : « Teestübchen » sur la Ballhofplatz. La plus jolie place de la ville.

Fußgängerzone Lister Meile:
Die Stadtplanung ist in erster Linie
bürgerfreundlich.

Marstall-Brücke
und Clemenskirche.

The Lister Meile — a pedestrian
zone: Town-planning is citizen-
oriented first and foremost.

The Marstall Bridge
and St. Clemens' Church.

La rue piétonne « Lister Meile » :
l'urbanisme a pour priorité
le bien-être des habitants.

Le pont du Marstall
et l'église « Clemenskirche ».

Jazz-Club.
Hannover ist Treffpunkt
der Jazzmusiker aus aller Welt.

Schützenfest.
Im Sommer die große Attraktion
für junge und alte Hannoveraner.

The Jazz Club.
Jazz musicians from all over the
world can get together in Hannover.

Hannover's marksmen parade.
The big attraction for young and
old in summer.

Club de Jazz.
Hanovre est un lieu de rencontre
de musiciens de jazz du monde
entier.

La fête des tireurs ou Schützenfest. En été l'attraction préférée
des jeunes et moins jeunes de
Hanovre.

Flohmarkt unter dem Beginenturm. Seit Jahren jeden Sonnabend Treffpunkt und Fundgrube für abenteuerlustige Käufer.

The Flea Market beneath the Begines' Tower. Treasure-trove and rendezvous every Saturday for buyers with a spirit of adventure.

Marché aux puces aux pieds de la Beginenturm : depuis des années lieu de rencontre du samedi et véritable mine de trouvailles.

Altstadtfest. Auftakt 1970:
Ein riesiger Kunststoffschlauch
über dem Maschsee — noch heute
unvergessen.

The Old Town Festival. Premiere
1970: A giant plastic pipe across the
Maschsee — who could forget it?

La « Altstadtfest » — fête de la
vieille ville. La première fois en
1970 : un tuyau en plastique géant
traverse le Maschsee — aujourd'hui
encore inoubliable.

Kestner-Museum.
Eines der bedeutendsten Europas.
Die erhalten gebliebene klassizistische Fassade kontrastiert reizvoll mit der modernen Glasarchitektur des neuen Baus.

The Kestner Museum.
One of the most important in Europe. The well-preserved classicist facade contrasts gracefully with the modern glass architecture of the new building.

Le Musée Kestner.
L'un des plus importants d'Europe. Contraste charmant : la façade classique, qui a été conservée, et l'architecture moderne de verre du bâtiment neuf.

Porträtplastik des geheimnis-umwitterten Pharaos Echnathon. Die wichtigste Neuerwerbung der letzten Jahrzehnte. Internationales Wahrzeichen des Kestner-Museums.

Portrait sculpture of the mystery-surrounded Pharaoh, Echnaton. The most important new acquisition of the last decades. It has distinguished the Kestner Museum internationally.

Tête du pharaon mystérieux Akhenaton. Parmi les nouvelles acquisitions, la plus importante des dix dernières années. Symbole international du musée Kestner.

U-Bahn-Station Hauptbahnhof. Funktion und Ästhetik sind harmonisch aufeinander abgestimmt: Straßenkunst.

The Main Station underground station. Art for the man-in-the-street as the result of harmony of form and function.

Station de métropolitain « Hauptbahnhof ». Le fonctionnel et l'esthétique s'harmonisent parfaitement : Straßenkunst. L'art dans la rue.

Das historische Museum.
Modernes Zentrum der Altstadt
mit Volkskunst, Land- und
Stadtgeschichte.

The History Museum.
The modern-day focal point of the
Old City with valuable collections
of folk art and city and state
history.

Le musée historique.
Centre moderne de la vieille ville
Art populaire, et histoire du
Royaume et de la ville de Hanovre.

Landesmuseum: mit bedeutenden Zeugnissen alter Kunst in der Landesgalerie. Sehenswerte kultur- und völkerkundliche Sammlungen.

The State Museum: time-honoured works of art in the State Gallery. Cultural and ethnological collections of outstanding merit.

Le «Landesmuseum» — musée de la Basse-Saxe: la Landesgalerie montre de remarquables témoignages d'art ancien. Collections culturelles et ethnologiques intéressantes.

»Der Hellebardier« von Alexander Calder vor dem Kunstmuseum am Maschsee.

Maschsee mit Blick auf das Rathaus.

"The Hellebardier" by Alexander Calder in front of the Museum of Art by the Maschsee.

The Maschsee with a view of the Town Hall.

« Le Hellebardier » d'Alexandre Calder devant le musée de l'art au Maschsee.

Le Maschsee avec vue sur l'Hôtel de ville.

Das Leineschloß.
Einst Welfenresidenz von Herzögen und Königen. Heute Sitz des Niedersächsischen Landtags.

The Leine Castle.
Once the Residence of the Welfen Kings and Dukes, today the seat of the Lower Saxony State Parliament.

Le château de la Leine.
Autrefois résidence des Welfes, princes et rois. Aujourd'hui siège du Parlement de la Basse-Saxe.

Der Kuppelsaal in der Stadthalle: Große Konzerte. Glanzvolle Feste. Internationale Kongresse.

The 'Kuppelsaal' in the City Hall: big concerts, magnificent festivals, international congresses.

La Kuppelsaal du palais des fêtes municipal. Concerts. Festivités. Congrès internationaux.

Casino am Maschsee. Der mondäne Akzent am nördlichen Ufer.

The Casino beside the Maschsee. A wordly touch on the north shore.

Le Casino au bord du Maschsee. Flair mondain sur la rive nord.

Ballhof-Brunnen (links) und Duve-Brunnen. Seit altersher ist Hannover eine Stadt der Wasserspiele.

The Ballhof fountain (left) and the Duve fountain. Hannover has been a city of ornamental fountains for centuries.

La fontaine du Ballhof (à gauche) et la fontaine de Duve. Depuis toujours Hanovre est la ville des jeux d'eau.

**Theater am Ballhof.
Selten schöne Harmonie
aus Tradition und Moderne.**

**The Ballhof Theatre. A rare
example of the fine harmony
of tradition and modernity.**

**Théatre « Am Ballhof ».
Belle harmonie entre la tradition
et le modernisme.**

Kontraste: Die Eilenriede ist zugleich Park und Urwald.
Das Ihme-Zentrum: ein Beispiel für moderne Funktionsarchitektur.

Contrasts: the Eilenriede is at one and the same time a park and a naturally developed wood.
The Ihme Centre: an example of modern functional architecture.

Contraste : L'Eilenriede est en même temps bois et forêt.
Le centre commercial de l'Ihme : un exemple d'architecture fonctionnelle moderne.

Schöne alte Fassaden.
Mit viel Liebe und mit Unterstützung der Stadt werden Hannovers Häuser restauriert.

Wonderful old facades.
The City fathers and the devotion of individual citizens are helping to restore Hannover's dwelling-houses.

Belles façades anciennes.
Les maisons de Hanovre sont restaurées avec amour grâce au soutien de la municipalité.

Alte und moderne Industriebauten: Bahlsen (links oben und unten). Brigitta und Elwerath (BEB) unten.

Older and more modern industrial buildings: Bahlsen (upper and lower left).
Brigitta and Elwerath (BEB) below.

Constructions industrielles anciennes et modernes: Bahlsen (en haut à gauche et en bas).
Brigitta et Elwerath (BEB) (ci-dessous).

Antiquitäten-Messe im 1668 erbauten Galeriegebäude, dem kostbarsten Bauwerk im Großen Garten.

The Antiques Fair in the Gallery Building of 1668 — the most precious building in the Great Garden.

Salon des antiquaires dans la Galerie construite en 1668. C'est l'édifice le plus précieux du « Großer Garten ».

Gartentheater und Große Fontäne in Herrenhausen. Die Wassersäule ist 82 Meter hoch.

The Open-air Theatre and the Great Fountain in Herrenhausen. Its volumn of water rises to a height of 82 metres.

Le théâtre de verdure et la Grande Fontaine de Herrenhausen. Le jet d'eau atteint 82 m de hauteur.

Feuerwerk im Großen Garten. Zusammen mit Georgengarten (unten) und Berggarten als Herrenhäuser Gärten weltberühmt.

A firework display in the Large Garden, which together with the George Garden (bottom) and the Hill Garden form the world-famous Herrenhausen Gardens.

Feu d'artifice au «Großer Garten». Avec le Georgengarten (en bas) et le Berggarten il constitue les jardins de Herrenhausen, de renommée mondiale.

Bahnhofstraße (links) und Georgstraße am Kröpcke. Für die meisten Hannoveraner das Herz der Stadt.

The Bahnhofstraße (left) and Georgstraße where it meets Kröpcke. For most of Hannover's citizens the very heart of the town.

Bahnhofstraße — rue de la Gare (à gauche) et la Georgstraße à Kröpcke. Pour la plupart des habitants de Hanovre c'est le cœur de la ville.

Kröpcke-Uhr. Einst wie jetzt Treffpunkt von »Tout Hanovre«.

The famous Kröpcke Clocktower. Now as always Hannover's famous rendezvous.

L'horloge du Kröpcke. Aujourd'hui comme autrefois lieu de rencontre du « Tout Hanovre ».

U-Bahn-Impressionen.
An der Waterloosäule wird aus der Straßenbahn Hannovers U-Bahn. Daneben: U-Bahnstation Kröpcke.

Underground impressions.
Hannover's trams are transformed into underground trains beneath the Waterloo Column. Adjacent: The Kröpcke underground station.

Impressions du Métropolitain.
A la hauteur de la colonne de Waterloo le tramway devient souterrain.
A coté : Station Kröpcke.

Hannovers Stolz ist sein Zoo.
Der Stolz des Zoos sind seine
Elefanten und Antilopen.

Aber es gibt auch noch einen
Tiergarten. Zahmes Damwild kann
in freier Wildbahn gefüttert
werden.

Hannover is proud of its Zoo,
in which the elephants and the
antelopes take pride of place.

In addition there is an animal park.
Tame fallow-deer can be fed in an
open game preserve.

Hanovre s'enorgueillit de son zoo.
Eléphants et antilopes sont
l'orgueil du zoo.

Mais il y a aussi un parc zoo-
logique. Il est possible d'y nourir
les daims apprivoisés qui vivent
en liberté.

Der Historische Friedhof der Jüdischen Gemeinde Hannover, nahe bei der Christuskirche, ist eine kulturhistorische Kostbarkeit.

The Historical Cemetery of the Jewish Community in Hannover, near the Church of Christ, is a treasure of historical and cultural value.

Le cimetière historique de la communauté juive de Hanovre est un trésor de culture historique. Il est situé près de la Christuskirche.

Harmonie der Widersprüche: Nikolaifriedhof mit jahrhundertealten Grabsteinen. Modernste Autostraßen führen mitten hindurch.

Contradictions in harmony: the Nikolai burial-ground with its centuries-old gravestones. Modern roads cut through its very heart.

Harmonie des contraires: Le cimetière Nicolai et ses pierres tombales centenaires. Il est traversé par les routes des plus modernes.

Sportstätten: Stadionbad. Trabrennbahn Neue Bult. Radstadion.

Sporting centres: The swimming pool at the stadium. Trotting on the 'New Bult' Race Course. The Cycling Track.

Installations sportives: La piscine du stade. L'hippodrome Neue Bult. Le vélodrome.

Niedersachsen-Stadion, eines der Weltmeisterstadien der Fußball-WM 1974.

The Lower Saxony Stadium, one of the World Cup Football Stadiums in the 1974 Championship.

Le stade de Basse-Saxe, l'un des stades où ont eu lieu des championnats pour la coupe du monde de football 1974.

Flughafen Hannover.
Einer der modernsten der Welt.

Hannover Airport. One of the
most modern in the world.

Aéroport de Hanovre.
L'un des plus modernes du monde.

Das markante neue Verwaltungsgebäude der Preußenelektra.

Hannover-Messe, die größte Industriemesse der Welt.

The striking new administration building of Preussenelektra.

The Hannover Trade Fair, the largest industrial trade fair in the world (right).

Le nouveau bâtiment administratif de la société Preußenelektra.

La foire de Hanovre, la plus grande foire industrielle du monde (à droite).

Waterloosäule und Marktkirche. Hannover auf einen Blick.

The Waterloo Column and Market Church. Hannover at a glimpse.

La colonne de Waterloo et la Marktkirche. Hanovre d'un seul coup d'œil.

Die originellste Pointe moderner Stadtarchitektur: Die Passerelle. Blick auf den Bahnhof (gegenüber). Blick auf die Marktkirche (folgende Seite).

The most original innovation of modern city architecture: the Passerelle. View of the Main Station (opposite). View of the Market Church (next page).

La Passerelle : le couronnement de l'architecture moderne de la ville. Vue de la gare (ci-contre). Vue de la Marktkirche (page suivante).